Julia Boehme wurde 1966 in Bremen geboren. Sie studierte Literatur- und Musikwissenschaft und arbeitete danach als Redakteurin beim Kinderfernsehen. Eines Tages fiel ihr ein, dass sie als Kind unbedingt Schriftstellerin werden wollte. Wie konnte sie das bloß vergessen? Auf der Stelle beschloss sie, jetzt nur noch zu schreiben. Seitdem denkt sie sich Kinderbücher und Geschichten fürs Fernsehen aus.

Angelika Stubner illustriert mit großem Spaß Kinderbücher, am liebsten zeichnet sie Bildergeschichten. Außerdem hat sie für Loewe den Logli-Charakter, die LernSpielZwerge und die lustigen Reihenlogos der Leseleiter entworfen. Angelika Stubner lebt mit ihrer Familie in Bayreuth.

Lieber Nicholas

dieses Büchel soll Dir helfen,
ganz toll deutsch weiter-
zu lernen?

Ilse

Weihnacht 2004

Julia Boehme

Zaubern mit der Zahlenfee

Illustrationen von Angelika Stubner

Bibliografische Information Der Deutschen Bibliothek
Die Deutsche Bibliothek verzeichnet diese Publikation
in der Deutschen Nationalbibliografie;
detaillierte bibliografische Daten sind im Internet
über *http://dnb.ddb.de* abrufbar.

*Der Umwelt zuliebe ist dieses Buch
auf chlorfrei gebleichtem Papier gedruckt.*

ISBN 3-7855-4908-3 – 1. Auflage 2004
© 2004 Loewe Verlag GmbH, Bindlach
Umschlagillustration: Angelika Stubner
Reihenlogo: Angelika Stubner
Gesamtherstellung: L.E.G.O. S.p.A., Vicenza
Printed in Italy

www.loewe-verlag.de

Inhalt

Zahlenzauber   8

Schmetterlingszauber   20

Feeneis schmeckt wunderbar   27

Zahlenzauber

Jakob schaut in sein . Er hat

schon alle  von der

abgeschrieben. Jetzt stützt er

den auf und seufzt.

Es ist wie verhext! Immer wenn er

rechnen will, purzeln in seinem

alle durcheinander!

„Was ist nur 7 - 3 + 4?", überlegt

Jakob. „Das ist doch ganz einfach",

kichert es plötzlich. Jakob schaut

auf und staunt. Auf seinem

sitzt eine kleine .

Sie hat zarte, bunte

wie ein  und einen

in der . „Wer bist du denn?",

fragt Jakob erstaunt.

„Ich bin die ", grinst die

und baumelt mit den .

„Ich liebe und zähle einfach

alles:  ,  ,  ...

Und ich rechne gerne."

„Ich nicht", meint Jakob. „Ich male

lieber." – „Dann hast du bestimmt

viele  ", sagt die .

Schon klappt sie Jakobs

auf und holt mit beiden

ein paar  heraus. „Wie

viele sind das?", fragt sie.

„7", antwortet Jakob sofort.

„Und jetzt?", fragt die ,

nachdem sie mit den

gezwinkert hat. „He, da sind ja

nur noch ", sagt Jakob.

„Wo sind die anderen 3 hin?"

„Die habe ich weggezaubert:

7 − 3 = 4, und jetzt noch 4 dazu!",

lacht die  und schwingt

ihren ✦. Auf Jakobs 🪑

liegen nun 8 ✏✏✏. „4 + 4 = 8 ,

das ist ja klar", sagt Jakob.

Dann schreibt er eine große 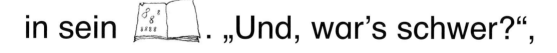 8

in sein 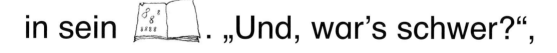. „Und, war's schwer?",

fragt die 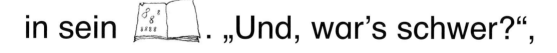 und flattert zufrieden

mit ihren 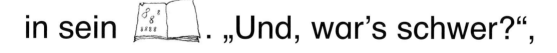. „Nee!" Jakob

schüttelt lachend den 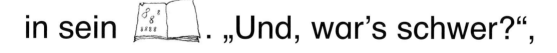.

„Mit dir ist es ganz einfach!" Und

so rechnen Jakob und die

gleich weiter. „Was ist 8 + 3 + 7 ?",

liest die  und zaubert zuerst

einmal 8 auf Jakobs .

Dann zaubert sie 3 dazu.

„Das sind 11 ", weiß Jakob.

„Und 11+7=18 ", rechnet er weiter.

Richtig, vor ihm auf dem

liegen genau 18 .

Doch die sind alle verschwunden,

als sich plötzlich die

über Jakobs  beugt.

„Prima, Jakob!", lobt die .

„Das hast du gut gemacht!"

„Das haben *wir* gut gemacht",

verbessert die . Sie hat

sich im  hinter dem

versteckt und flüstert so leise,

dass es nur Jakob hören kann.

Schmetterlingszauber

Es gongt, und alle 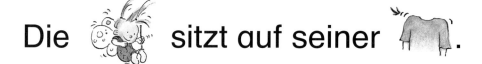 laufen

auf den 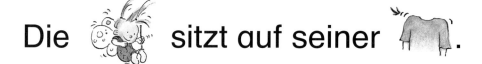 . Auch Jakob.

Die 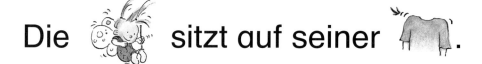 sitzt auf seiner 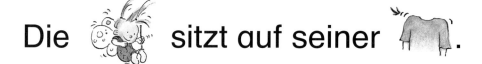 .

„Du hast ja 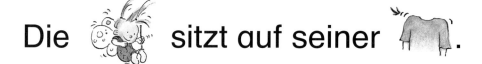 dabei!", ruft sie.

„Wie viele denn?" – „14 ", zählt

Jakob. „Falsch", ruft die 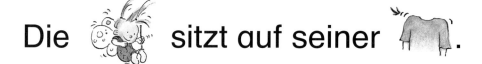 und

zaubert noch schnell 6 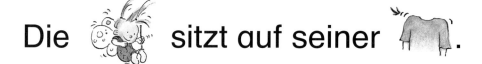 dazu.

„14+6 = 20, lecker", rechnet Jakob.

Die  schaut sich um. „Was

es hier nicht alles zu zählen gibt!",

jubelt sie. „Los, Jakob, wir zählen

ein bisschen weiter, ja?"

Jakob zuckt mit den : „Wenn du

meinst." – „Ja!", ruft die , und

schon legt sie los: „

haben rote  an", zählt sie. „Und

wie viele haben blaue  an?"

„4 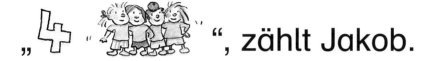 ", zählt Jakob.

„Wieder falsch, es sind 5!", kichert

die . Jakob zählt nochmal:

„Von wegen! Es haben nur 4

blaue an!" Die tippt auf

Jakobs : „Und was ist mit dir?"

Sie streckt Jakob übermütig ihre

kleine, rosa  heraus. Dann

zählt die  noch alle

auf dem , alle  und

sogar die  auf der .

„Wie viele  kannst du zählen?",

fragt sie Jakob schließlich. Jakob

schaut sich genau um: „6", sagt er.

„Und jetzt?", fragt die

und zwinkert mit den .

Plötzlich fliegen ganz viele

über den  . So viele 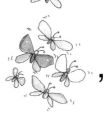 ,

dass Jakob sie gar nicht zählen

kann. „Es sind 34", verrät die .

„Ich finde, es kann gar nicht

genug  auf der geben!"

Feeneis schmeckt wunderbar

Endlich dürfen die

malen. Jakob zeichnet einen

großen, wunderschönen .

„Der ist fast so hübsch wie ich",

meint die  und flattert

aufgeregt mit ihren bunten

um Jakob herum.

„Kommst du mit zu mir nach ?",

fragt Jakob, als die aus ist.

„Dann können wir noch zählen und

zaubern, bis die untergeht."

„Au ja!", jubelt die und saust

schnell zur hinaus.

Vor der steht ein .

„Willst du dir nicht ein großes

kaufen?", fragt die . Jakob

kramt in seiner . „Mein

reicht nur für eine ", meint er.

„Los, kauf das !", ruft die .

Kaum hat Jakob das in der ,

zwinkert die  mit den .

Und Jakob hat 1 großes

und 1 kleines . „Super", lacht er.

„Aber wieso hast du denn 2

gezaubert? Ich bin doch alleine!"

„Und was ist mit mir? Bekomme

ich etwa kein  ?", schmollt

die . „Aber natürlich!",

ruft Jakob, und sein wird rot

wie eine  . „Ich wusste ja nicht,

dass auch essen."

Die  zwinkert noch einmal mit

den , und schon hat jedes

drei  : ,  und !

„Mmh! $1+2=3$", ruft Jakob fröhlich.

„Gezaubertes schmeckt genauso

gut wie gekauftes."

„Nicht noch besser?", fragt die .

„Doch, viel besser", sagt Jakob

schnell. „  ", stellt

die fest, als sie ihre 3

aufgeschleckt hat. „Schade!

Und was zaubern wir jetzt?"

Die Wörter zu den Bildern:

 Heft

 Zauberstab

 Zahlen

 Hand

 Tafel

 Beine

 Kopf

 Äpfel

 Federmäppchen

 Hunde

 Zahlenfee

 Kinder

 Flügel

 Buntstifte

 Schmetterling

 Arme

Augen

 T-Shirts

 Tisch

 Zunge

 Radiergummis

 Bäume

 Lehrerin

 Blumen

 Lineal

 Grashalme

 Schulhof

 Wiese

 Schulter

 Welt

 Kirschen

 Haus

Schule

 Kugel

 Sonne

 Tomate

 Tür

 Feen

 Eiswagen

 Schokolade

 Eis

 Erdbeere

 Hosentasche

 Nuss

 Geld

Das kleine Burggespenst
in der Schule
Claudia Ondracek · Christian Zimmer

Das kleine Burggespenst
beim Ritterfest
Claudia Ondracek · Christian Zimmer

Viel Wirbel
auf dem Bauernhof
Annelies Schwarz · Sven Leberer

Drei kleine Freunde
reißen aus
Julia Boehme · Johanna Ignjatović

Bei der Feuerwehr
ist was los!
Ulrich Heiß · Christian Zimmer

Abenteuer
mit dem Wunderpony
Julia Boehme · Ines Rarisch

Robby und
die Detektive
Julia Boehme · Johanna Ignjatović

Vier Detektive
suchen den Dackeldieb
Julia Boehme · Johanna Ignjatović

Mit Zaubern
macht die Schule Spaß
Christine Koenig · Dorothea Tust

Kleiner Indianer,
schnell wie der Wind
Ingrid Kellner · Katja Kersting

Komm nach Hause,
kleines Kätzchen
Katja Reider · Ines Rarisch

Loewe